LinkedIn Personal Branding und Marketing

für höhere Sichtbarkeit, bessere Mitarbeiter und mehr Neukunden.

Für Anfänger, Recruiter und Unternehmer, die mehr Leads generieren und mehr Umsatz machen wollen.

Felix Schonarth

INHALT

1

EINLEITUNG

Der Verkauf oder Vertrieb fand in früheren Zeiten oftmals Offline und dabei häufig per Kaltaquise über das Telefon statt. In der heutigen Zeit gibt es bessere Methoden, Netzwerke zu schaffen und seine Ziele in Bezug auf den Verkauf zu erreichen. Nicht zuletzt verändern sich die Anforderungen an den Vertrieb sowie die Erwartungen der Kunden. Der Vertrieb ist digital geworden und nur die Unternehmen, die bei diesen Veränderungen mitziehen, werden langfristig bestehen können. Selbst Kaufentscheidungen werden immer häufiger auf allen Ebenen Online getroffen.

So hat Bill Gates es passend zusammengefasst:

“If your business is not on the Internet, then your business will soon be out of business.”

Fest steht, dass soziale Netzwerke in Bezug auf die Kaufentscheidung immer wichtiger werden und dazu beitragen, dass Verkäufe stattfinden - oder eben nicht. Heute schauen sich potenzielle Kunden die Internetpräsenz an und entscheiden im Anschluss, ob sie mit dir zusammenarbeiten wollen oder nicht. Ein paar Zahlen und Fakten untermauern diese Entwicklung noch, denn ganze 83 Prozent aller Personen, die am Kaufprozess beteiligt sind, nutzen mittlerweile soziale Medien und beziehen diese bei der Kaufentscheidung. Und ganze 68 Prozent aller B2B Kunden bevorzugen es heutzutage zunächst online zu recherchieren, bevor sie ein Produkt oder eine Dienstleistung kaufen.

Die Menschen, die am Kaufprozess beteiligt sind, nutzen soziale Netzwerke in sehr großer Zahl. Tatsächlich nutzen 83 Prozent aller am Kaufprozess

Beteiligten die Netzwerke und ganze 57 Prozent des gesamten Kaufprozesses ist schon in dem Moment erfolgt, in dem der Vertriebsmitarbeiter überhaupt kontaktiert wird. Vor der Kontaktaufnahme wird im Durchschnitt daher schon mehr als die Hälfte der Kaufentscheidung gefällt, sodass der Mitarbeiter keinen so großen Einfluss mehr hat, wie es in früheren Zeiten ohne soziale Medien der Fall war.

Damit stellt der digitale Vertrieb ein Potenzial dar, welches nicht verschwendet werden sollte. Gerade das Netzwerk LinkedIn bietet hier Möglichkeiten für den Vertrieb, der auf einer persönlichen Ebene stattfinden soll. Denn genau das ist ein weiteres Merkmal für den aktuellen Vertrieb: Er ist persönlicher geworden und sieht den Kunden nicht mehr als beliebige Zahl an. Da mittlerweile klar geworden ist, dass am Ende des Tages Unternehmen kein Geschäft mehr mit anderen Unternehmen machen, sondern Personen mit Personen, werden ganz andere Anforderungen an den Vertrieb. Kurz zusammengefasst lässt sich daher behaupten, dass der Online-Auftritt einer

Person entscheidend ist und es immer Sinn macht, eine ganz persönliche Marke aufzubauen. Branding ist alles? Da das wirklich so ist und es dafür viele gute Gründe gibt, erfährst du in diesem Buch mehr über die Herausforderungen und Besonderheiten des digitalen Vertriebs auf sozialen Netzwerken. Denn genau an diesem Punkt kommt auch LinkedIn ins Spiel!

In diesem Buch erfährst du, was es mit dem Netzwerk LinkedIn auf sich hat und warum sich dieses stark von anderen sozialen Medien unterscheidet. Du lernst darüber hinaus, wie du beim Branding vorgehen kannst, damit du dir eine persönliche Marke aufbaust, die andere Nutzer wirklich anspricht. Wenn du dich dann noch mit dem Kapitel rund um das Marketing bei LinkedIn beschäftigst und die Anschreibevorlagen zur perfekten Ansprache deiner potenziellen Kunden nutzt, dann ist die Wahrscheinlichkeit sehr hoch, dass auch du bald das volle Potential von LinkedIn für dich ausschöpfst und deine Business Ziele erreichst.

Schließlich bietet LinkedIn in allen Branchen Vorteile und eignet sich bei weitem nicht nur für große Unternehmen, sondern auch für den Mittelstand, für kleine Unternehmen, Freelancer, Coaches und für viele weitere Nutzer, zu denen unter anderem auch Personal-Trainer und Ernährungsberater gehören. Doch zunächst einmal wünsche ich dir viel Spaß beim Lesen und viel Erfolg bei der praktischen Umsetzung, damit du dein LinkedIn Profil ab sofort gewinnbringend zum Einsatz bringen kannst.

2

Branding ist Alles

Für den optimalen Effekt der Plattform spielt das Branding eine entscheidende Rolle. Daher mag die Überschrift zuerst provokant erscheinen, trifft aber tatsächlich genau den Kern des Ganzen: Branding ist wirklich alles! An dieser Stelle geht es um den Aufbau deines Profils mit allen Details, sodass das Interesse potenzieller Kunden geweckt wird. Ein Profilbild, ein gutes Titelbild, die gesamte Beschreibung sowie Tipps und Tricks für einen guten ersten Eindruck spielen für den Erfolg eine sehr große Rolle. Durch ein durchdachtes Branding gewinnst du die Möglichkeit, wichtige Geschäftskontakte zu finden und wirst für Kunden und andere Unternehmen überhaupt erst interessant. Du baust mit den folgenden Schritten eine eigene Marke auf und kannst dich damit in einer Expertenrolle bei LinkedIn positionieren.

Erst mit dem richtigen Branding wird eine gute Grundlage für den Aufbau von einem Netzwerk geschaffen, welches aus Kunden und Geschäftspartnern besteht. Diese Beziehungen, die geknüpft werden, können im Anschluss in ein vertrieblich genutztes Netzwerk umgewandelt werden. Solche Online-Kontakte wandeln sich mit der richtigen Vorarbeit in Offline-Geschäftsbeziehungen, die auch den Umsatz deutlich steigern können. Der Grund für das Branding ist somit das Erschaffen einer Grundlage für den Aufbau eines professionellen Netzwerkes, mit dem Ziel, die Geschäftsbeziehungen zu erweitern. Natürlich gibt es beim Branding einige Unterschiede, da sich die Darstellung bei Angestellten, Unternehmern und Unternehmen an sich schon voneinander unterscheidet. Fest steht aber, dass es gute Gründe gibt, warum heutzutage jeder eine Personal Brand sein muss.

2.1 Warum JEDER eine Personal Brand ist und sein muss?

Warum ist das überhaupt so, also warum ist heute jede einzelne Person eine Personal Brand und muss eine solche sein? Der Grund dafür ist, dass Vertrauen und persönliche Beziehungen enorm wichtig sind. Man verkauft sich immer selbst - nur die Zielgruppe unterscheidet sich hier bei Angestellten, Selbstständigen und Unternehmen. Grundsätzlich ist die persönliche Beziehung enorm wichtig für den Verkauf, da Kunden eher etwas kaufen, wenn ein Gesicht und eine persönliche Beziehung dahintersteckt und nicht nur ein Produkt vorhanden ist.

Angestellte verkaufen sich und ihre Leistungen an Unternehmen, die Unternehmen verkaufen sich wiederum an Kunden. Auch Selbstständige müssen sich ebenfalls an ihre potenziellen Kunden verkaufen. Neben der persönlichen Beziehung macht die emotionale Verbindung jeden Verkauf leichter, da es nicht nur um Fakten von Produkten oder von Dienstleistungen geht. Ein Gesicht oder eine Marke mit gewissem Wiedererkennungswert werden sich daher immer besser verkaufen als ein Produkt ohne diesen Hintergrund.

Denke zum Beispiel einmal an Marken wie Coca Cola, Apple oder Gucci, um nur einige Optionen zu nennen. Die Marke, der Wiedererkennungswert und die Begeisterung für die Brand sind die Gründe, warum Menschen die Produkte kaufen. Es geht hier definitiv nicht in erster Linie um Qualität, sondern wirklich um die Marke dahinter, die Emotionen weckt und gezielt begeistert.

Es gibt aber noch einen weiteren Grund neben der persönlichen und emotionalen Beziehung, warum eine Marke so wichtig ist und nicht vernachlässigt werden sollte. Branding ist schlicht und einfach viel nachhaltiger, als es bei Marketing und reinen Werbeanzeigen der Fall ist. Es handelt sich um den persönlichen Ruf, den man aufbaut und von dem man im besten Fall ein Leben lang profitiert. Die Menschen beginnen, die Marke zu kennen, zu schätzen und identifizieren sich mit dieser. Dadurch fällt es bei einer guten Positionierung und dem gekonnten Branding leichter, dass die Kunden genau diese Marke kaufen wollen. Letztendlich ist der Aufbau der eigenen Marke bei LinkedIn die digitale Version, die nachhaltig ist und bestehen bleibt.

Eine Werbeanzeige hingegen wird geschaltet, spricht an und endet wieder. Ein nachhaltiger Effekt ist dadurch nicht zu beobachten, da ohne die Werbeanzeige nichts weiter passieren wird. Beim Branding ist das aber anders. Mache dir daher bewusst, dass deine persönliche Marke bestehen bleibt und wir alle immer etwas verkaufen - uns selbst, unsere Leistung oder Produkte. Mit diesen Fakten vor Augen ist es dann nicht mehr so weit hergeholt, dass Branding alles ist und es einfach nicht ohne den Aufbau einer Marke funktioniert. Jedenfalls nicht auf lange Sicht hin.

2.2 Branding als ANGESTELLTER

Natürlich klingt es plausibel, dass Branding wichtig ist. Doch warum sollte ein Angestellter sich hier ebenfalls bemühen und darauf achten? Auch hier gilt wieder der Grund, dass jeder einzelne Branding betreiben muss und davon langfristig profitiert. Gerade die gekonnte Positionierung auf LinkedIn ist hier mit viel Potenzial verbunden. Schließlich können dich potenzielle neue Arbeitgeber dort finden und erhalten das Signal, dass du ein toller Mitarbeiter bist, der wirklich etwas von seinem Bereich versteht. Der Wunsch, dich einzustellen, muss durch deine Darstellung geweckt werden, da du dich als Experte in deinem Bereich positionierst.

Du kannst beispielsweise mit anderen Ikonen oder bekannten Experten in deinem Bereich interagieren und diese zu deinem Netzwerk hinzufügen. Dadurch signalisierst du sehr schnell, dass du in deinem Bereich wichtig bist und einen Expertenstatus erreicht hast. Du zeigst potenziellen Arbeitgebern, dass es sich bei dir um eine wichtige Persönlichkeit handelt und es nur von Vorteil wäre, dich in der eigenen Firma zu haben. Wenn du passende Posts likest, kommentierst und teilst, dann zeigst du, dass du dich in diesen Themen bestens auskennst und jemand bist, der immer als Gewinn für ein Unternehmen anzusehen ist. Du wirst letztendlich für jeden Arbeitgeber in deiner Branche attraktiv, wenn du dich ernsthaft um das Thema Branding bemühst und dir eine persönliche Marke aufbaust.

2.3 Branding als UNTERNEHMER

Für Unternehmer oder Selbstständige ist das Branding von sehr großer Bedeutung, es ist sogar noch wichtiger, als es bei Angestellten der Fall ist. Jeder, der selbstständig arbeitet, sollte versuchen, sich möglichst sympathisch und professionell darzustellen. Einerseits musst du verkaufen können, andererseits musst du es durch Referenzen, sowie durch Social Proof schaffen, langfristig Vertrauen aufzubauen. Erst auf diese Weise ist es möglich, den potenziellen Kunden zu einem Neukunden zu verwandeln.

Gerade weil hinter Selbstständigen kein großes Unternehmen steht, ist es umso wichtiger, sich selbst verkaufen und richtig darstellen zu können. Viele Selbstständige scheitern genau an diesem Punkt. Das hat zur Folge, dass sie kaum oder keine Kunden haben. Überlege dir, warum ein Kunde gerade zu dir kommen sollte und schon weißt du sehr schnell, warum der Aufbau einer Marke gerade für Unternehmer von so großer Bedeutung ist. Viele Selbstständige fragen sich, warum andere Kollegen so hohe Preise für ihre Projekte oder pro Stunde nehmen und tatsächlich an Kunden kommen. Der Grund dafür ist definitiv nicht nur in der Qualität an sich, sondern schlicht und einfach, weil sich die anderen sehr gut selbst verkaufen können. Mit der Zeit ist es dadurch möglich, den Preis zur Nebensache zu machen, weil alle unbedingt mit dieser einen Person arbeiten wollen.

2.4 Branding für UNTERNEHMEN

Die Tatsache, dass ein Unternehmen eine Brand aufbauen muss, kann sicherlich nicht geleugnet werden. Die einzige Frage an dieser Stelle ist vielmehr, wie es hier möglich ist, da ein Unternehmen natürlich mehr Probleme hat, eine persönliche Beziehung zu potenziellen Kunden aufzubauen, als es beispielsweise bei einem Selbstständigen der Fall ist. Der Fokus sind in diesem Fall die Kunden, es kann aber trotzdem so dargestellt werden, dass die Mitarbeiter als Experten in ihrem Bereich angesehen werden. Die Berater, die Entwickler oder die Produzenten des Unternehmens werden als Experten in ihrem jeweiligen Bereich dargestellt und promotet. Es ist daher für Unternehmen wichtig, Gesichter zu zeigen und die Kompetenz der Mitarbeiter zu vermarkten, um sich auf diese Weise eine Brand aufzubauen.

Nur weil der persönliche Bezug enorm wichtig ist, heißt das noch nicht, dass deshalb die Qualität der Produkte nicht mehr angepriesen werden soll. Erfolgreiche Unternehmen schaffen es, Vertrauen und den persönlichen Bezug zu den potenziellen

Kunden aufzubauen. Es ist hier enorm wichtig, sich von anderen Unternehmen auf der emotionalen und persönlichen Ebene abzuheben und zu signalisieren, dass es hier mehr gibt, als reine Fakten zu Produkten oder zu Dienstleistungen. Es gibt hier viele Optionen, wie ein Unternehmen es schaffen kann, sich selbst als Marke darzustellen und Vertrauen aufzubauen.

So können beispielsweise alle Mitarbeiter der Geschäftsführung mit einem starken Auftritt auf LinkedIn eine sehr gute Basis schaffen. Hier macht es Sinn, Geschichten zu erzählen und die Entwicklung des Unternehmens in einer Art Story zu verpacken. Es ist ein sehr großer Unterschied für potenzielle Kunden, wenn sie lesen, dass der Geschäftsführer Hans Müller Bodenbeläge für den Innen- und Außenbereich verkauft oder wenn gesagt wird, dass Hans Müller sich seit der Jugendzeit für Bodenbeläge begeistert und in den letzten 25 Jahren seine Expertise ausgebaut und ein Unternehmen mit 50 Mitarbeitern geschaffen hat. Dann könnte noch ein Hinweis auf die wachsende Qualität, die Zuverlässigkeit und die vielseitigen

Möglichkeiten gegeben werden, die ein solcher Bodenbelag in Bezug auf das Ambiente schaffen kann. Alles verpackt in eine spannende Story - denn darum geht es: Storytelling. Dies beschleunigt den Aufbau einer Brand stark.

Wenn du einmal für dich selbst überlegst, fällt dir sicher schnell auf, dass eine solche Geschichte eines Unternehmens nicht nur besser zu lesen ist, sondern auch viel mehr Interesse und Vertrauen weckt. Der Kunde bemerkt in einem solchen Fall, dass hier echte Gesichter, Personen und Emotionen hinter dem Unternehmen stecken und nicht nur eine leere Hülle, die sich hinter Produktdetails verbirgt. Seien wir einmal ehrlich, es gibt spannende und es gibt weniger ansprechende Produkte. So wichtig Bodenbeläge auch sind, so wenig können diese im Normalfall den potenziellen Kunden fesseln und davon überzeugen, dass hier noch mehr zu erwarten ist.

Auf diese Weise schaffen die Kunden im Kopf eine Verbindung zwischen der Marke, der Qualität und den guten Produkten und denken, dass tolle, sympathische Menschen dahinterstecken. Es wird angenommen, dass hier greifbare Menschen mit einer eigenen Geschichte hinter allem stecken und eben nicht nur ein Produkt, welches so bei vielen Konkurrenten ebenfalls gefunden wird. Auf diese Weise können Unternehmen langfristig eine Marke aufbauen und brauchen weniger dem ewigen Preiskampf auszusetzen, bei dem es immer andere Anbieter auf dem Markt geben wird, die einen niedrigeren Preis haben.

Zusammenfassend lässt sich damit festhalten, dass beim Branding der Vorteil erreicht wird, dass ein Unternehmen von sich aus überzeugen kann und sich nicht mehr auf den sonst üblichen Preiskampf einlassen muss. Der Preis wird auf diese Weise tatsächlich nebensächlich, weil die Marke so sehr überzeugt, dass die Menschen das Produkt haben wollen. Das ist schließlich auch die Vorgehensweise, die bei bekannten Designerlabels und allen anderen großen Marken zum Einsatz kommt. Durch die Herangehensweise mit dem passenden Branding ist es möglich, eine Handtasche im Wert von vielleicht 10 Euro für mehrere Hundert Euro zu verkaufen. Das klingt vielleicht übertrieben, ist aber genau der Punkt und kann so in der Welt beobachtet werden. Bekannte Marken verkaufen schließlich nicht durch die Qualität, sondern weil die Marke beliebt ist, einen Wiedererkennungswert hat und von den Kunden gekauft wird.

Unternehmen die es schaffen, aktiv Branding zu betreiben und sich eine eigene Marke aufbauen, haben daher ganz andere Möglichkeiten in Bezug auf den Verkauf und die Preisgestaltung als ein Unternehmen, dass sich mit dem Branding keine Mühe gibt.

2.5 Branding vs. Werbung

Stellen wir noch einmal das Branding neben die klassische Werbung, die in Form von bezahlten Anzeigen genutzt wird. Tatsächlich wird das Branding im direkten Vergleich immer gewinnen, da es nicht umsonst authentischer ist, sympathischer wirkt und im Gegensatz zur klassischen Werbung erst einmal keine abschreckende Wirkung aufweist. Vor allem ist Advertising nicht annähernd so nachhaltig wie das Branding, wie bereits erwähnt und näher erklärt wurde.

Interessant ist hier sicherlich, dass die Begriffe Branding und Advertising oder Marketing oft vertauscht oder für Synonyme gehalten werden, was nicht den Tatsachen entspricht. Vielmehr wird beim Branding die Marke an sich geformt, die einen starken Wiedererkennungswert hat und immer mit der Person oder mit dem Unternehmen direkt in Verbindung gebracht wird. Der Effekt ist nicht kurzzeitig vorhanden, sondern langfristig - zumindest ist das der Fall, wenn hier auf professionelle Weise Branding betrieben wurde. Das Advertising ist nicht nur als solches zu erkennen, sondern sollte eher als Maßnahme verstanden werden, um neue Kunden zu gewinnen. Mit dem Branding verbinden andere Menschen aber etwas und können sich damit auch eher identifizieren. Daher ist es kein Wunder, dass langfristig gesehen das Branding immer besser als Advertising abschneiden wird.

3

LINKEDIN

die Geheimwaffe für Marketing & Vertrieb

Es ist sicherlich schön und gut, dass Branding und der digitale Verkauf heute so wichtig geworden und kaum noch wegzudenken sind. Doch was genau haben diese Tatsachen wirklich mit LinkedIn und der Bedeutung des Netzwerks zu tun? Der Aufstieg von LinkedIn, die genaue Bedeutung und die Gründe, warum die Plattform in vielen Bereichen besser als Xing für die heutige Zeit geeignet ist, findest du in diesem Kapitel in der Zusammenfassung. Fest steht, dass die internationale Ausrichtung sowie die stetig wachsenden Nutzerzahlen mit ein Grund sind, warum LinkedIn immer beliebter wird und weiter aufsteigt.

3.1 Warum LINKEDIN?

Im Gegensatz zu anderen sozialen Medien handelt es sich bei LinkedIn um ein Netzwerk, welches vor allem für Geschäftskontakte von Bedeutung ist. Sowohl das Knüpfen neuer Geschäftskontakte als auch die Pflege von bereits bestehenden Kontakten ist das Ziel der Plattform, die für alle Bereiche und Branchen von Bedeutung ist. Darüber hinaus gibt es immer mehr Privatnutzer auf LinkedIn, die bisherige Geschäftskontakte ergänzen. Es hängt daher stark vom jeweiligen Business ab, welche Personen genau angesprochen werden. Anders gesagt können sich hier Unternehmen, Angestellte und Selbstständige mit einem eigenen Business gleichermaßen ein wichtiges Netzwerk aufbauen.

So nutzen beispielsweise Coaches den B2C Bereich auf LinkedIn sehr intensiv und sprechen Privatleute gezielt nach einem Blick auf das jeweilige Profil an, um diese als Kunden zu gewinnen. Ein weiteres Beispiel könnten auch Vertriebsleiter von Firmen sein, die im Firmenauftrag andere Personen ansprechen, jedoch auf der privaten Ebene abnehmen oder ein anderes Ziel verfolgen wollen. Ein solcher Vertriebsleiter wird dann eventuell von einem Fitnesscoach angesprochen und von dessen Angebot überzeugt. Das zeigt aber auch sehr schnell, wie viele Möglichkeiten auf unterschiedlichen Ebenen bei LinkedIn bestehen. Letztendlich besteht die Option in jeder Dienstleistung sowie für alle Firmen, von dem Netzwerk zu profitieren und neue Kunden sowie Kontakte zu gewinnen. Zusammenfassend lässt sich hier tatsächlich sagen, dass insgesamt 4 von 5 LinkedIn Mitgliedern wichtige Business Entscheidungen auf der internationalen Plattform treffen. In der Geschäftswelt wundert es daher weniger, dass die Plattform immer weiter wächst und sicherlich in Zukunft gerade bei jungen Unternehmen einfach mit dazu gehören wird.

Interessant sind bei LinkedIn auch die Reichweite und die aktuelle Verbreitung, die erst zeigt, warum die Plattform so großes Potenzial hat. Aktuell ist LinkedIn nicht nur in 24 Sprachen weltweit verfügbar, sondern hat auch bereits mehr als 500 Millionen Nutzer in insgesamt 193 Ländern. Die Möglichkeiten in Bezug auf die Geschäftskontakte sind daher nicht zu unterschätzen. Alleine in Deutschland, Österreich und der Schweiz sind schon 10 Millionen Nutzer vorhanden, die einfach ansprechbar sind. Außerdem handelt es sich bei den Nutzern oftmals um große Unternehmen, um internationale Experten und um Marktführer in den jeweiligen Bereichen. Da bereits etablierte Business Netzwerke vorhanden sind, kannst du ohne großen Aufwand von diesen Netzwerkeffekten profitieren und gelangst schneller an dein Ziel.

3.2 LinkedIn vs. Xing

Bisher wurde Xing als wichtiges Netzwerk für alle beruflichen Kontakte genannt. Warum ist LinkedIn jedoch heute und auch langfristig interessanter als Xing und kann den Nutzern einen größeren Mehrwert bieten? An dieser Stelle wollen wir uns einmal die beiden Portale im direkten Vergleich ansehen, um genauer auf die Besonderheiten einzugehen.

Der wichtigste Vorteil von LinkedIn gegenüber Xing ist tatsächlich die internationale Aufstellung. In unserer globalen Welt macht es keinen Sinn mehr, sich nur auf wenige Länder zu konzentrieren, die in einem guten Netzwerk vorhanden sind. Vielmehr brauchen wir internationale Lösungen für unsere vernetzte Welt, die nicht ganze Teile der Welt von der Grundgestaltung her ausblenden. Natürlich ist Xing auch international, der Schwerpunkt liegt aber ganz klar auf den DACH-Staaten, also auf Deutschland, Österreich und der Schweiz. Was im ersten Moment auch sinnvoll erscheint, langfristig jedoch nicht die beste Option darstellt. Es wirkt daher eher zeitgemäß, eine möglichst internationale Aufstellung zu nutzen, um sich auch in der Zukunft weltweit und nicht nur in einzelnen Regionen zu vernetzen.

Vor allem in den Bereichen der Interaktion und beim Content ist ein Unterschied zwischen den beiden Portalen direkt erkennbar. Natürlich hängt es auch davon ab, wofür du die Plattform nutzen willst und worauf es dir ankommt, damit die beste Option gewählt werden kann. Aber die Interaktion sowie sämtliche Optionen im Bereich Content fallen bei LinkedIn besser aus, als es bei Xing der Fall ist, da Xing nicht viele Möglichkeiten bietet, um sich ein aktives Netzwerk aufzubauen. So können bei LinkedIn unter anderem Videos gepostet werden und es werden auch Hashtags verwendet, die hilfreich sind, um andere Personen oder Unternehmen zu taggen. Dadurch fällt es leichter, in Kontakt zu bleiben oder sich in den gewünschten Bereichen auszutauschen.

Bietet Xing denn auch Vorteile, die genutzt werden sollten? Tatsächlich eignet sich Xing dem aktuellen Stand nach besser für die Jobsuche, als es bei LinkedIn der Fall ist. Für die reine Suche nach Jobs kann Xing daher sehr gut genutzt werden. Für die Vernetzung und für den Aufbau von einem wertvollen Netzwerk, eignet sich hingegen LinkedIn deutlich besser.

3.3 Der goldene Moment - Warum gerade JETZT die Zeit ist, auf LinkedIn aktiv zu werden?

Sicher fragst du dich auch, warum es gerade jetzt von Bedeutung ist, LinkedIn zu nutzen und für sich zu entdecken. Schließlich kommt es bei allen Business Ideen auf den Zeitpunkt an und nicht immer ist klar, warum in einem bestimmten Moment Entscheidungen getroffen werden müssen, von denen du langfristig profitieren kannst. Hier steht aber fest, dass durch die gesamten Veränderungen in der heutigen Zeit die Bedeutung von Online-Auftritten und von digitalen Netzwerken immer größer wird. Wer es nicht schafft, hier mitzugehen und sich wertvolle Kontakte zur richtigen Zeit aufzubauen, der wird sehr schnell das Nachsehen haben. Kunden entscheiden sich im Allgemeinen häufiger Online und mit dem richtigen Auftritt bei einer stark vernetzten Plattform, wie bei LinkedIn, legst du so den Grundstein für späteren Erfolg. Noch ist es tatsächlich ziemlich einfach, Online neue Kontakte und neue Kunden zu gewinnen. Schließlich hat es noch nicht jeder geschafft, sich einen solchen Auftritt aufzubauen und es gibt aktuell nicht die Konkurrenz an fähigen Mitbewerbern, die es ohne Frage in einigen Jahren geben wird. Durch die neuen Anforderungen an die Arbeitswelt und durch die zunehmenden Entscheidungen über das Internet wäre es schlicht verschwendetes Potenzial, sich nicht auf die aktuellen Zeiten einzustellen und weiterzumachen.

Nicht unterschätzt werden sollte außerdem die Bedeutung der Informationssuche über das Internet, bevor in der Offline Welt Entscheidungen getroffen werden. Das bedeutet aber auch, dass dein Auftritt auf LinkedIn auch außerhalb der rein digitalen Welt eine enorme Bedeutung hat, da dieses deinen Kunden (oder potenziellen Arbeitgebern) dabei hilft, dich und deine Leistungen einzuschätzen. Wer sich also jetzt nicht darum bemüht, sich ein gutes, professionelles und vor allem aussagekräftiges

Profil aufzubauen, ist im Vergleich direkt weniger interessant als andere Kandidaten, die sich hier mehr Mühe geben. Letztendlich ist es daher aus vielen Gründen wichtig, jetzt zu handeln und nicht länger zu warten, um sich selbst zu positionieren. Gerade der Aufbau von einem persönlichen Branding sollte auch nicht unterschätzt werden, da diese Form der Darstellung mit einem gewissen Wiedererkennungswert an Bedeutung nur noch zunehmen wird.

3.4 Der LinkedIn Schneeball Effekt

Zu guter Letzt solltest du den Schneeball Effekt von LinkedIn auch noch kennen, da dieser in Bezug auf eine große Reichweite bei minimalem Aufwand von großer Bedeutung ist. Erst wenn du diesen Schneeball Effekt richtig nutzt, dann kannst du damit rechnen, dass du mit deinen Posts bei einem geringen Aufwand eine maximale Reichweite erzielst. Im Idealfall machst du deinen Content interaktiv, da du auf diese Weise Reaktionen hervorrufen und noch besser von dem Schneeball

Effekt profitieren kannst. Aber nicht nur die interaktive Gestaltung der eigenen Beiträge ist hier wichtig, sondern auch die Möglichkeiten, die das Netzwerk von LinkedIn an sich bietet.

Wichtig wäre hier zum Beispiel, dass über Kontakte 2. und 3. Grades auch eine sehr große Reichweite erzielt werden kann, die nur durch das professionelle Netzwerk in diesem Maße möglich sind. Es kommt natürlich auch immer auf den Content an sich an, da Inhalte, die für deine Zielgruppe wirklich von Interesse sind, für eine besonders große Reichweite sorgen. Damit ist es oft möglich, die doppelte Anzahl an Kontakten zu erreichen, die im eigenen Netzwerk vorhanden sind. Anders gesagt hast du selbst vielleicht 100 Kontakte in deinem Netzwerk, gestaltest aber gut durchdachte und für deine Zielgruppe relevante Beiträge. Mit diesen kannst du über die Kontakte deiner Kontakte problemlos 200 und mehr Personen erreichen. Das ist mit dem Schneeball Effekt von LinkedIn gemeint, der durch die starke Vernetzung tatsächlich eine besonders große Reichweite anbietet, die nicht unterschätzt werden sollte.

4

Wie du deine eigene Brand auf LinkedIn aufbaust

Für den Aufbau der eigenen Brand Identität ist es bei LinkedIn wichtig, sich selbst genauer zu definieren und sich bewusst zu machen, für was man bei seiner Zielgruppe bekannt sein möchte. Vor dem Start mit dem eigenen Profil ist es daher immer sinnvoll, sich solche Fragen zu stellen und genau festzulegen, was vermittelt werden soll und was nicht.

Bei LinkedIn ist richtig angewandtes Social Selling der Schlüssel zum Erfolg. Beim Social Selling kommt es vor allem darauf an, wie es richtig umgesetzt werden kann. Wichtig wäre hier zum Beispiel, was gepostet wird, bei welchen Beiträgen ein Kommentar verfasst werden sollte und welche Headlines bei den eigenen Beiträgen am besten funktionieren.

Mit Social Selling ist schließlich der Vertrieb über soziale Medien gemeint. Dazu gehören unter anderem Facebook, YouTube und Twitter, um nur einige Beispiele zu nennen. Im Normalfall geht es beim Social Selling nicht um den B2B-Bereich, also um Geschäftskunden, sondern eher um den B2C-Bereich, womit Privatkunden gemeint sind. Anders gesagt geht es beim Social Selling vor allem um die Verwandlung von privaten Nutzern in Kunden, die über die jeweilige Plattform generiert wird. Es geht hier aber weniger darum, was genau Social Selling ist, sondern mehr darum, wie es umgesetzt wird und wie du die besten Ergebnisse erzielen kannst.

Da in sozialen Medien gilt, dass Menschen Geschäfte mit anderen Menschen machen - und eben nicht die Unternehmen untereinander, sollte dieser Punkt noch viel mehr beachtet werden.

Überhaupt lässt sich mittlerweile festhalten, dass Vertrieb immer persönlicher wird und genau auf den Interessenten zugeschnitten sein muss. Es hat eine richtige Digitale Transformation stattgefunden, die Unternehmen auf eine harte Probe stellt. Es ist dabei wichtig, den digitalen Weg mit allen Kanälen zu gehen und diese zu nutzen, da sonst der Verlust wertvoller Kundschaft in sämtlichen Branchen die Folge sein wird. Bestimmt hast du auch schon von Beispielen eigentlich etablierter Unternehmen gehört, die an genau dieser Digitalisierung gescheitert sind. Ein berühmtes Beispiel war im Jahr 2009 das Versandhaus Quelle, da die Digitalisierung nicht erfolgreich umgesetzt werden konnte und die Insolvenz als direkte Folge gilt.

Natürlich gibt es auch positive Beispiele, damit schnell sichtbar ist, warum es sich lohnt, bei der Digitalisierung mitzumachen und dem Social Selling einen größeren Wert einzuräumen. So konnte IBM die Verkäufe im Bereich Cloud Computing beispielsweise um satte 400 Prozent steigern, da das Unternehmen ein Social-Selling-Pilotprojekt durchgeführt hat.

Social Selling bietet zahlreiche Vorteile, die an dieser Stelle einmal in Kurzform dargestellt werden sollen:

- Zeitliche Flexibilität beim Vertrieb
- Die oft unangenehme und zeitintensive Kaltaquise über Anrufe kann stark reduziert werden
- Die Kosten sind im Vergleich zu klassischen Marketingkampagnen deutlich geringer
- Der Vertrieb ist deutlich persönlicher und damit ansprechender für die Zielgruppe
- Dank Multiplikatoren lässt sich der Markt besser durchdringen
- Authentische Form des Vertriebs
- Die Marke des Unternehmens lässt sich effektiver darstellen und ausbauen

Darüber hinaus ermöglicht das Social Selling den Aufbau eines Netzwerkes und alle Maßnahmen sind direkt nachzuverfolgen und können damit einfacher optimiert werden. Mit einer effektiven digitalen Vertriebsstrategie über LinkedIn lassen sich Kundenbeziehungen aufbauen, die einfach skalierbar sind. Außerdem handelt es sich über echte, direkte Kundenbeziehungen ohne weitere Zwischenstufen. Social Selling funktioniert über eine Plattform wie LinkedIn besonders gut, effektiv und auf kostengünstige Weise, sodass du die zahlreichen Nutzer auf einfache Weise erreichen und einen persönlichen Kontakt herstellen kannst.

Ein geschäftliches Branding, auch als Corporate Brand bezeichnet, stellt vor allem kommerzielle Inhalte vor und dreht sich um Inhalte des Unternehmens. Angebote und Serviceleistungen werden vorgestellt und näher beworben. Persönliche Informationen tauchen im Normalfall nicht auf und tragen nicht dazu bei, dass die Marke in diesem Fall präsentiert oder gestärkt wird.

Bei einem persönlichen Branding geht es um den Aufbau von Geschäftsbeziehungen sowie um Updates zur eigenen Arbeit sowie um Neuigkeiten, die laufend aktualisiert werden. Der wichtigste Punkt, um eine persönliche Marke aufzubauen ist aber sicherlich, sich selbst als Experte darzustellen und diesen Eindruck bei Besuchern des Profils nachhaltig zu hinterlassen. Für den Aufbau einer solchen persönlichen Marke ist es erst einmal wichtig, sich selbst genau wie die eigenen Ziele und Stärken zu definieren.

Folgende Fragen helfen bei der Definition der persönlichen Marke:

- Wofür stehe ich als Person?
- Worin besteht mein Ziel, welches ich mit LinkedIn und dem Social Selling verfolgen möchte?
- Für welche Fähigkeiten und Eigenschaften möchte ich bei meiner Zielgruppe bekannt sein?
- Womit sollen mich mögliche Kunden in Verbindung bringen?

Wenn du dir diese Fragen beantworten kannst, hast du in jedem Fall schon einige Ideen, was du mit deinem Profil transportieren solltest. Da die Zielgruppe genau wie potenzielle Kunden in jeder Branche andere Ansprüche haben, ist es wichtig, diese Aspekte zu berücksichtigen. Nur wenn du dich so darstellst, dass du deine Zielgruppe ansprichst und es schaffen wirst, dir eine persönliche Marke aufzubauen, stichst du aus der Masse heraus und hast damit eine echte Chance auf den Erfolg. Vor der Erstellung eines Profils ist es bei diesem Netzwerk umso wichtiger, sich selbst genau wie die eigenen Leistungen und Fähigkeiten genau zu analysieren, um hier passende Inhalte liefern zu können.

4.1 Personal Branding

An dieser Stelle kommen wir zum persönlichen Branding und zu allen Details, die dafür sowie für den Aufbau einer Brand Identity wichtig sind. Tatsächlich sind an dieser Stelle schon einige Überlegungen nötig, bevor du mit dem Aufbau deines Profils beginnen kannst. Doch auf diese Weise sicherst du dir schnellere Erfolge und sparst später Zeit, um alles zu optimieren. In den folgenden Abschnitten findest du aus diesem Grund eine Einleitung zu allen wichtigen Bereichen,

die du für die Erstellung und für eine sinnvolle Einrichtung deines Profils beachten musst.
Zuerst geht es speziell um das Einrichten von persönlichen Profilen, bevor dann Beispiele zu Unternehmen kommen, die ebenfalls beachtet werden können.

Ein attraktives und optimiertes Profil einrichten

Nach dieser einleitenden Definition deiner Ziele und Fähigkeiten bist du soweit, um dein Profil passend dazu zu gestalten. Natürlich lassen sich bestehende Profile auch sehr gut optimieren, um noch besser dazustehen und um insgesamt attraktiver für die Zielgruppe zu wirken. An dieser Stelle ein grundsätzlicher Hinweis - auf dem eigenen Profil muss kein chronologischer Lebenslauf wiedergegeben werden. Das Ziel ist mehr eine Visitenkarte, die attraktiv aufgebaut ist, sich verkauft und die so spannend ist, dass die andere Person unbedingt sofort mit dir in Kontakt treten will. Diese Information hilft vielleicht dabei, auch einige weniger erforderliche Informationen wegzulassen und das eigene Profil perfekt zu optimieren. Unpersönliche Profile ohne Bilder, ohne guten Inhalt oder mit fehlender Optimierung locken im Gegenzug keine Besucher an, was deinen Erfolg auf LinkedIn drastisch schmälert.

Folgende Punkte sind bei der Optimierung des Profils besonders wichtig:

a. Das Profilbild

Was ist das Erste, was ein Kontakt sehen wird? Richtig: Das Profilbild! Dieses muss daher stimmen, sollte sympathisch wirken und dabei trotzdem unbedingt professionell sein. Hier eignen sich keine privaten Bilder, die einen wenig seriösen Eindruck hinterlassen. Oft lohnt es sich, die Bilder von einem Fotografen machen zu lassen, damit diese sympathisch, professionell und perfekt in Szene gesetzt sind. Es lohnt sich hier, ein wenig Zeit und Mühe zu investieren, damit ein passendes Bild entsteht, welches direkt einen positiven Eindruck vermittelt.

b. Das Titelbild

Neben dem Profilbild ist das Titelbild der Punkt, der die meiste Aufmerksamkeit auf dein Profil und auf deine Leistungen ziehen wird. Auch das Titelbild sollte das Interesse wecken, sympathisch wirken und dabei natürlich professionell sein. Möglich wäre ein Bild, welches deine Botschaft unterstreicht, die du deinen Besuchern durch dein Profil vermitteln möchtest. Hier lohnt es sich auch immer, bei anderen Nutzern in der gleichen Branche nachzusehen und so einen Eindruck zu erhalten, wie die Konkurrenz aufgestellt ist.

c. Die Headline – 120 Zeichen für den Erfolg

Eine Information, die andere Nutzer bei LinkedIn sehen, die noch nicht auf dein Profil geklickt haben, ist die Headline. Diese darf bis zu 120 Zeichen lang sein und sollte eine Aussage über all das vermitteln, wofür du stehst. Die Headline muss überzeugen, aussagekräftig sein und sollte im besten Fall das Interesse der potenziellen Besucher wecken.

d. Eine klare Botschaft

Außerdem solltest du in der Zusammenfassung darauf achten, deinen Besuchern eine eindeutige

Botschaft zu vermitteln, was sie von dir erwarten können. Besonders gut kommt es an, wenn du vermittelst, welchen Nutzen andere haben, wenn sie dich kontaktieren oder welches Problem du aktiv lösen kannst. Ein Fitnesstrainer sollte zum Beispiel deutlich vermitteln, wie er seinen potenziellen Kunden helfen kann, ihre Ziele zu erreichen. Eine solche Botschaft bleibt dann hängen und führt dazu, dass der Fitnesstrainer kontaktiert wird.

e. Die persönliche URL

Ja, auch die URL lässt sich bei LinkedIn optimieren. Diese Option wird sicherlich nicht von allen Nutzern gewählt, sie hilft aber dabei, besser gefunden zu werden und das Profil auf professionelle Weise abzurunden. Wähle hier am besten deinen Namen oder eine Bezeichnung, die zu deinem Business passt und unter der du leicht gefunden wirst.

f. Ein leicht frisierter Lebenslauf

Wie zuvor schon erwähnt kommt es nicht auf einen vollständigen Lebenslauf an, wie er vielleicht sonst bei klassischen Bewerbungen zum Einsatz käme. Vielmehr geht es um relevante Eckdaten, die zeigen, wie qualifiziert du bist und die dein Können in dem Bereich bestens unterstreichen, in dem du dich als Experte qualifizieren willst.

g. Relevante Fähigkeiten

Runde deinen Lebenslauf und deine gesamte Präsentation durch deine Fähigkeiten ab, die du gezielt nennst. Deinen Kunden kommt es hier vor allem auf gezielte Fähigkeiten an, die deinen Werdegang und deinen Expertenstatus unterstreichen.

Letztendlich solltest du nicht vergessen, dass du für das Social Selling, also für den erfolgreichen Vertrieb über LinkedIn nicht nur ein optimiertes Profil und das richtige Wissen benötigst, sondern auch Ausdauer. Innerhalb von einem Tag können hier eher nicht die großen Erfolge erzielt werden, doch mit der Zeit ist dies ohne Frage durch die richtige Präsentation und durch passende Techniken möglich.

Wie so ein Profil es aussehen sollte, hier nachfolgend zwei Varianten:

Beispiel 1: eine professionelle Profil - Darstellung

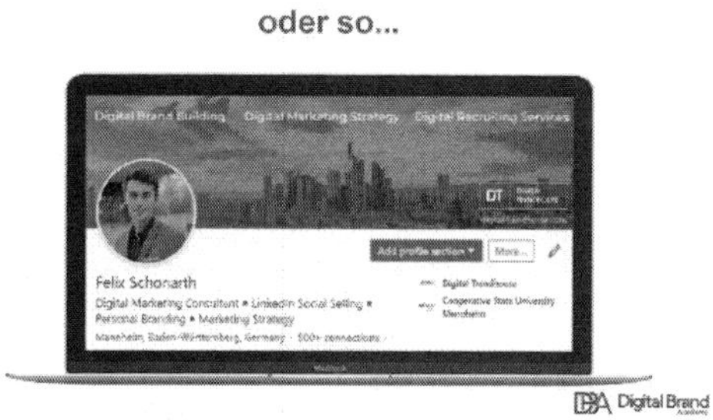

Beispiel 2: eine professionelle Profil - Darstellung

4.2 Company Branding

Natürlich soll es an dieser Stelle nicht nur um das Branding von Privatpersonen für die erfolgreiche Nutzung von LinkedIn gehen, sondern auch um Branding für Unternehmen. Die Vorteile sind genau wie beim Personal Branding schnell erkennbar und es macht Sinn, sich bei der Einrichtung eines Firmenprofils viel Mühe zu geben, damit der Grundstein für das erfolgreiche Branding gelegt wird. Daher macht es auch für Unternehmen von Anfang an einen Unterschied aus, ob ein professionelles Firmenprofil eingerichtet wird oder eben nicht. Es lohnt sich übrigens für kleine Unternehmen genau wie für größere, hier dabeizubleiben und wirklich von Anfang an ein ansprechendes Firmenprofil einzurichten. Bei der Einrichtung sollten einige Punkte beachtet werden, die im folgenden Kapitel noch näher erläutert werden.

Firmen Profil einrichten

Einige Punkte sollten bei der Einrichtung des Firmenprofils von Anfang an beachtet werden, damit diese später nicht mehr fehlen. So macht es beispielsweise bei einer internationalen Zielgruppe Sinn, wenn die eigene LinkedIn Seite von Anfang an mehrsprachig aufgebaut ist. Allerdings wäre das nicht der einzige Punkt, der bei der Einrichtung zu beachten ist.

Gebe direkt bei der Einrichtung des Profils deine weiteren sozialen Netzwerke an, bei denen das Unternehmen vertreten ist. Eine personalisierte URL ist nicht nur für Privatpersonen, sondern ohne Frage auch für Unternehmen wichtig und ergänzt aussagekräftige Kontaktinformationen. Von großer Bedeutung ist auch die Beschreibung des Unternehmens, die als Intro bezeichnet werden kann und die Blicke der Nutzer zuerst auf sich zieht. In diesem Intro passt es zudem sehr gut, wenn du dort einen Backlink zur Unternehmenswebseite angibst, falls eine solche vorhanden ist. Achte darauf, dass bei der Beschreibung keine langweiligen Fakten aneinandergereiht werden. Es ist hier sehr wichtig, die Kunden bewusst anzusprechen, für Aufmerksamkeit zu sorgen und zu zeigen, dass hier echte Menschen und Geschichten hinter dem Unternehmen stecken.

Nicht zuletzt solltest du auch auf eine geschickte Position von unternehmensrelevanten Keywords achten, die dafür sorgen, dass dein Profil schneller gefunden wird. Achte darauf, dass bei der Einrichtung des Profils alle wichtigen Informationen über das Unternehmen ersichtlich und ansprechend dargestellt werden. Im nächsten Schritt ist auch für Unternehmen der Aufbau eines starken Netzwerks wichtig, damit eine gute Grundlage für die Ansprache von potenziellen Kunden geschaffen wird.

Das perfekte Firmen-Profil

Ein perfektes Firmenprofil zeichnet sich dadurch aus, dass es aussagekräftig ist und zeigt, dass Menschen hinter dem Unternehmen stehen und nicht nur reine Produkte. Das Netzwerk sollte stimmen und es ist wichtig, mit den potenziellen Kunden zu interagieren. Außerdem lohnt es sich, regelmäßige Beiträge und Artikel zu verfassen, die für die Zielgruppe relevant sind. Die Beschreibung, der Link, der Name und nicht zuletzt ein Backlink zur Unternehmensseite sind einfach wichtige Bestandteile, die ein perfektes Firmenprofil auszeichnen.

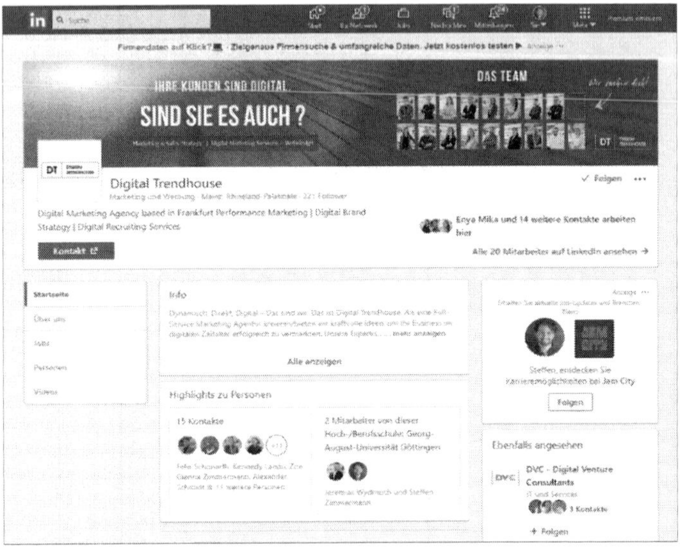

Beispiel eines professionellen Firmenprofils

Nach der Befolgung der zuvor genannten Schritte ist dein Profil so aufgestellt, dass du die besten Aussichten auf Erfolg bei LinkedIn hast. In den nächsten Kapiteln erkläre ich dir, was du beim Vernetzen sowie rund um das LinkedIn Marketing wissen solltest. Denn erst mit dem passenden, genau auf dich und deine Ziele zugeschnittenen Marketing, wirst du es schaffen, echte Erfolge und damit auch Umsätze auf der Plattform zu generieren.

5

WIE MAN EIN QUALITATIVES NETZWERK POTENZIELLER KUNDEN AUFBAUT

Für das weitere Vorgehen bei LinkedIn ist es erst einmal wichtig, sich zu vernetzen und dabei die richtigen Kunden zu kennen. Schließlich soll nicht einfach jeder angesprochen werden und es ist wichtig, die Zielgruppe zu kennen und dann den Traumkunden zu identifizieren. Dadurch fällt dir eine gezielte Ansprache leichter, die dich in kürzerer Zeit zum Ziel und damit zu erfolgversprechenden Kontakten bringt.

5.1 Die richtigen Kunden kennen

Eine gezielte Ansprache der gewünschten Kunden ist auf einer Plattform wie LinkedIn entscheidend, da sonst viel Zeit mit Nachrichten an mögliche Kunden verschwendet wird, die nicht zu den eigenen Ansprüchen passen. Im ersten Schritt kommt es daher auf die Identifikation der Zielgruppe an, damit du im nächsten Schritt ein Kundenavatar erstellen kannst.

Überlege dir dabei, wer die Entscheider sind und wer auf diese Einfluss nimmt. Es ist sehr wichtig, sich für die Suche nach richtigen Kunden Zeit mit dem Kundenavatar zu nehmen, damit du weißt, wen du erreichen willst und wen nicht. Schließlich kommt es auch mit darauf an, da du sicherlich nicht jeden ansprechen willst. Es handelt sich bei dem Kundenavatar um eine Art Steckbrief des Traumkunden, den du für dich gewinnen willst. Nur wenn du es schaffst, deinen Traumkunden besser als dich selbst zu kennen und genau weißt, was ihn antreibt und was er braucht, wirst du ihn richtig ansprechen können. Du bist dann in der Lage, ein genau auf ihn zugeschnittenes Angebot zu gestalten und schaffst es, auf Bedürfnisse aufmerksam zu machen, von denen dein Kunde selbst noch gar nichts wusste. Oder du möchtest deine potenziellen Kunden erreichen, die sich ihres Problems bereits bewusst sind, es jedoch bisher noch nicht lösen konnten. In beiden Fällen wirst du dir die Aufmerksamkeit deiner potenziellen Kunden sichern.

Nicht zu unterschätzen ist an dieser Stelle die Bedeutung eines passgenauen Angebots für den Algorithmus von LinkedIn. Im Idealfall erstellst du durch die Ansprache deines Traumkunden Content, der perfekt zu deinem Netzwerk passt. Dadurch werden die Kontakte in deinem Netzwerk auch stark mit deinem Content interagieren, liken und diesen kommentieren. Bei einem wenig ansprechenden und für die Zielgruppe nicht relevanten Inhalt wird dein Netzwerk wenig mit diesem Content interagieren. Dadurch nimmt der Algorithmus der Plattform den Content als unwichtig wahr und strahlt diesen auch nicht weiter aus. Wer es daher schafft, relevanten und auf die Zielgruppe zugeschnittenen Content zu erstellen, gewinnt damit direkt doppelt: Das Interesse des Netzwerks und die höhere Einstufung beim Algorithmus.

Für einen perfekt passenden Kundenavatar sollten folgende Faktoren und Informationen bekannt sein:

- Soziodemografische Daten wie das Alter, das Geschlecht, der Beruf etc.
- Die Werte (Familie, Vertrauen etc.)
- Interessen
- Charakterzüge
- Glaubenssätze
- Schmerzpunkte im Leben und damit verbundene Gefühle
- Hindernisse im Leben
- Die Informationsquellen, die genutzt werden (z.B. Zeitungen)
- Einwände, die im Verkaufsprozess kommen können

- Die Erwartungen, die an eine Zusammenarbeit gesetzt werden

Hierbei handelt es sich natürlich um eine Reihe von Informationen, die bekannt sein sollten, damit der Traumkunde überhaupt erst einmal identifiziert werden kann. Es wird aber bei dem weiteren Vorgehen sowie bei der Kundengewinnung immer helfen, wenn der Traumkunde so genau wie nur möglich definiert wird. Wenn dir sogar die möglichen Einwände, die im Verkaufsprozess kommen können bekannt sind, dann wird es dir nicht mehr so schwer fallen, diese zu entkräften.

TIPP: Bei einflussreichen Personen ist es empfehlenswert, zuerst einmal das Netzwerk rund um diese Person zu kontaktieren. Erst nach der Annahme von mehreren Anfragen von Personen aus dem Netzwerk sollte eine direkte Kontaktanfrage an die ursprüngliche Zielperson geschickt werden. Auf diese Weise steigen die Chancen enorm angenommen zu werden, da die Person durch die mehreren passenden Kontakte denkt, dass man schon ein Teil des eigenen Netzwerkes ist.

Die Informationen von dem Traumkunden sind dabei auch viel leichter zu finden, als im ersten Moment angenommen wird. Du kannst beispielsweise erst einmal selbst brainstormen oder in einer passenden Facebook Gruppe eine Umfrage schalten. Darüber hinaus sind Blogartikel hilfreich und du findest Anregungen, wenn du bestehende Kunden befragst. Ein kleines Interview kann hier schon einen großen Unterschied machen und führt dazu, dass dir klar wird, was genau dein Kunde eigentlich möchte und braucht. Eine weitere Möglichkeit sind Rezensionen bei Amazon, die bei thematisch passenden Büchern auftauchen. Schaue dir ruhig an, was die Kunden schreiben, worauf es ankommt und welche Merkmale sie aufweisen.

Bei LinkedIn direkt kannst du nach demografischen Daten suchen, die berufsbezogen sind. Dazu gehören beispielsweise die Position im Unternehmen, die Karrierestufe und die Branche, über die du bei einem Blick auf das Profil mehr erfährst. Nicht zu unterschätzen ist darüber hinaus die Möglichkeit, dass dir immer genauere Ergebnisse für potenzielle Kunden angezeigt werden, desto stärker du dein Netzwerk aufbaust. Es lohnt sich daher in jedem Fall, das eigene Netzwerk aufzubauen und gezielt nach relevanten Kontakten zu suchen, da in diesem Fall die Wahrscheinlichkeit groß ist, dass dir mögliche Traumkunden direkt vorgeschlagen werden.

Darüber hinaus gibt es praktische Filterfunktionen, die direkt genutzt werden können, um relevante Personen angezeigt zu bekommen. In dem Bereich „Alle Filter für die Personensuche" kannst du gezielt auswählen, nach wem du suchst und erhältst dadurch die Möglichkeit, tatsächlich potenzielle Geschäftskontakte zu finden. Dafür klickst du einfach auf das Suchfeld bei LinkedIn und kannst dort direkt nach Personen oder Unternehmen suchen, um nur einige Beispiele zu nennen.

Es gibt hier sogar die Möglichkeit, nach Kontakten zweiten Grades zu suchen und nicht nur nach Kontakten ersten Grades. Kontakte zweiten Grades sind folglich Personen, die mit deinen Kontakten bereits vernetzt sind, jedoch noch nicht mit dir. Hier wird auch angezeigt, welche gemeinsamen Kontakte vorhanden sind und um wie viele es sich hier handelt.

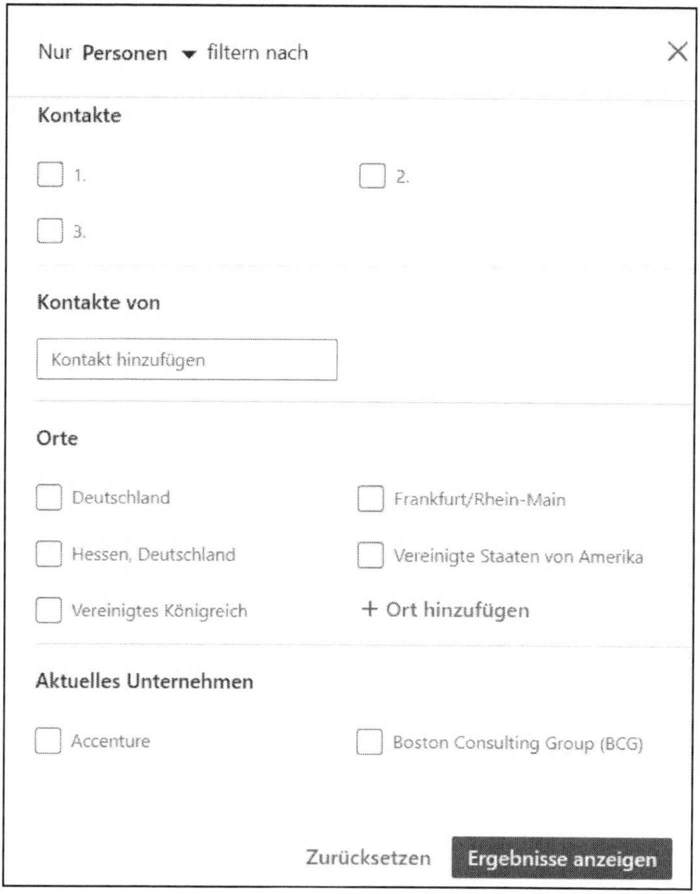

Suchmaske auf LinkedIn

Folgende Filteroptionen sind hier vorhanden:

- Standort
- Unternehmensbranche
- Position
- Frühere Unternehmen
- aktuelles Unternehmen
- Hochschule
- Serviceleistungen

Je nach vorhandenem Netzwerk wird es aber nicht alleine reichen, nach Kontakten zweiten Grades zu suchen. Empfehlenswert ist daher eine freie Suche, bei der beispielsweise direkt nach einem Standort, einer bestimmten Branche oder nach dem aktuellen Unternehmen gesucht wird. Dadurch erhältst du Ergebnisse von Personen, die tatsächlich relevant sind und bei denen eine Netzwerkanfrage Sinn macht, da sie zur anvisierten Zielgruppe gehören.

Durch diese Möglichkeiten findest du viele Informationen von deinem Traumkunden, die dir im Anschluss weiterhelfen und dich dabei unterstützen, einen entsprechenden

Zielgruppenavatar zu erstellen. Du erhältst damit die perfekte Grundlage, um im nächsten Schritt genau mit einer persönlichen Netzwerkanfrage auf deinen Traumkunden einzugehen.

5.2 Netzwerkanfragen, die IMMER funktionieren

Für die wirkungsvolle Vernetzung kommt es auch auf die Art der Anfrage an, die du stellst. Diese Netzwerkanfragen sollen schließlich angenommen und nicht immer wieder abgelehnt oder völlig ignoriert werden.

Es gibt einige Kriterien, die für eine erfolgreiche Netzwerkanfrage wichtig sind und die häufig bei der Verwendung von LinkedIn ignoriert werden. Tatsächlich stecken ein bestimmter Aufbau oder eher ein spezielles System dahinter, wenn diese Anfragen funktionieren. Hierfür ist auch eine Portion Psychologie nicht ganz unwichtig, da du deine potenziellen Kunden schon so ansprechen musst, dass sie im Anschluss handeln wollen. Das klingt aber erst einmal schwerer, als es in Wirklichkeit ist und lässt sich tatsächlich sehr gut umsetzen, wenn du nur weißt, worauf du achten musst.

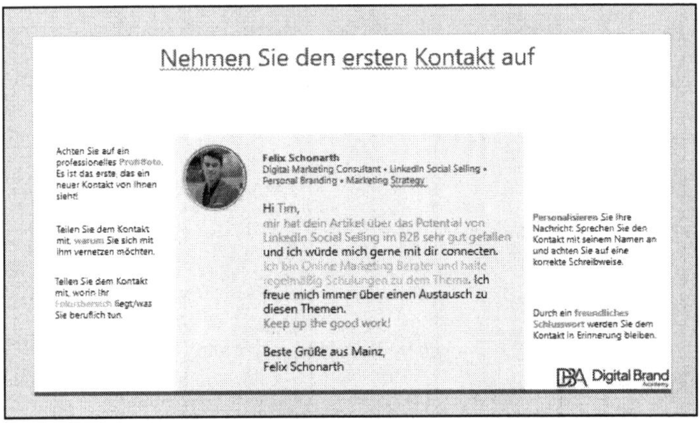

Beispiel: Kontaktaufname

Besonders wichtig ist es, auf Gemeinsamkeiten zu verweisen und diese herauszuarbeiten, wenn es um das Vernetzen mit anderen geht. Durch diese Gemeinsamkeiten in Form von Kontakten aus dem gleichen Netzwerk oder den beruflichen Background entsteht Vertrauen, was wiederum schneller zur Annahme von einer Kontaktanfrage führt. Es kann sich auch um gemeinsame Interessen oder Hobbies handeln, die Hauptsache ist hier, dass es Gemeinsamkeiten gibt, die herausgestellt werden. Nicht selten fragen die Personen, die eine Kontaktanfrage erhalten haben sogar nach, um welche der angesprochenen Gemeinsamkeiten es sich handelt. Da macht es dann schon Sinn, hier entsprechende Antworten bieten zu können.

Neben der Darstellung von Gemeinsamkeiten, die einen positiven Effekt auf die Vertrauensbildung haben, sollten auch noch die Vorteile der Vernetzung näher aufgeführt werden. Warum genau sollte die andere Person sich mit dir Vernetzen und welche Vorteile sind hier zu erwarten? Der Nutzen sollte immer herausgestellt werden und es ist wichtig, dass dieser direkt ersichtlich wird. Stelle dir einmal vor, dass du selbst Texter bist und eine Anfrage von einem Webdesigner erhältst. Dann könnte man denken, dass die Branchen zumindest miteinander verwandt sind und es Sinn macht, sich auszutauschen und vielleicht für die Zusammenarbeit mit verschiedenen Kunden zu vernetzen. Dabei handelt es sich um wichtige Punkte, die beim Anschreiben beachtet werden sollten, damit die Anfrage garantiert funktioniert.

Wer es schafft, sein Profil so aufzubauen und das eigene Netzwerk so zu gestalten, dass der andere das Gefühl bekommt, dass es ein Vorteil ist, den anderen hinzuzufügen, hat daher schon viel gewonnen. Ein professionelles Profil mit einer tollen Beschreibung und dem richtigen Netzwerk helfen ohne Frage dabei, dass Kontaktanfragen angenommen werden.

Damit du direkt anfangen kannst und keine Zeit mit wirkungslosen Anfragen verschwendest, findest du in diesem Buch im weiteren Verlauf Anschreibevarianten, die wirklich funktionieren. Konkrete Beispiele machen es hier der Erfahrung nach besonders einfach, diese anzupassen und für sich selbst zu verwenden.

5.3 Do's and Don'ts

Es gibt einige Dinge beim Vernetzen, die darüber entscheiden, ob du erfolgreich bist oder nicht. Diese habe ich dir an dieser Stelle zusammengefasst, damit du schnellere Erfolge erzielen kannst und die klassischen Fehler nicht begehst.

Beachte folgende *Do's* beim Vernetzen:

Alle Nachrichten sollten zunächst einmal individuell angepasst werden und einen echten Mehrwert bieten - das wäre schon ein großes „Do“ beim Vernetzen, welches leider noch zu selten beachtet wird. Darüber hinaus kommt es immer gut an, wenn du andere Personen oder Unternehmen lobst. Teile positive Referenzen und individuelle Erfahrungen, die du gemacht hast. Überhaupt ist es bei LinkedIn wichtig, zu interagieren und am digitalen Leben teilzunehmen. Dazu gehört auch, dass du Unternehmen folgst, die dich interessieren oder Beiträge teilst, die für dich wichtig sind. Du hast zum Beispiel an einer Veranstaltung teilgenommen? Dann kannst du entsprechende Beiträge darüber teilen und erhöhst so die Reichweite, was immer gerne gesehen wird. Nicht zuletzt rückst du dich selbst in das richtige Licht, wenn du Beiträge kommentierst, die beispielsweise zu Produkten, Videos, Messen, Jobanzeigen oder Tagungen geteilt werden. Der interaktive Faktor bei LinkedIn zeichnet die Plattform aus und gehört so sehr mit dazu, dass du hier (zumindest ein wenig) mitmachen solltest. Es dauert schließlich nicht lange, interessanten Unternehmen zu folgen oder Beiträge zu kommentieren, die dich interessieren oder die für deine persönliche Darstellung wichtig sind. Beispielvorlagen zum Vernetzen, findest du am Ende des Buches.

Diese *Don't s* beim Vernetzen solltest du kennen:

Es gibt einige Punkte, die schnell dafür sorgen, dass die Kommunikation nicht zum gewünschten Ergebnis führt oder sogar bewirken können, dass keine Antwort mehr kommt. Plumpe Verkaufsangebote oder Spam-Nachrichten sind daher bei LinkedIn wirklich fehl am Platz. Nachrichten, die Mehrwert schaffen, sind hier die richtige Wahl und sorgen dafür, dass auch ein Interesse aufkommen kann. Zu guter Letzt ist eine lösungsorientierte Herangehensweise gewünscht. Spreche daher nicht von Problemen und von all dem, was vielleicht falsch gemacht wird, sondern biete konkrete Lösungen und gute Ideen an. Solche Nachrichten werden ganz klar bevorzugt beantwortet.

Schließlich wirst du nur dann ein Netzwerk aufbauen und neue Kunden finden können, wenn die Ansprache stimmt und du dich nicht durch typische Fehler selbst blockierst. Daher ist die Art der Kommunikation, genau wie das Profil an sich entscheidend, wenn es um den Aufbau von Kontakten geht. Hilfreiche Anschreibevorlagen für die Kommunikation findest du ebenfalls als Bonus in diesem Buch und kannst diese nutzen, um einen erfolgreichen Einstieg in dein neues Netzwerk zu schaffen.

6

WIE MAN EINEN EXPERTENSTATUS AUFBAUT

Content is King

Jetzt hast du dir nicht nur ein aussagekräftiges Profil aufgebaut, sondern kennst auch schon Tipps und Tricks, die dir bei der Verwendung von LinkedIn helfen können. Für den Aufbau von einem Expertenstatus geht es aber noch um einige weitere Punkte, die an dieser Stelle zusammengefasst werden sollen. Der Spruch „content is king“ ist hier sicherlich bezeichnend und es ist viel Wahres dran, da nur die passenden und gut gewählten Beiträge dir dabei helfen können, deinen Expertenstatus auf- und auszubauen. Die Art und die Anzahl der Beiträge sind dabei genauso entscheidend, wie es bei der Gestaltung und beim Text der Fall ist. Im ersten Moment erinnern die Anforderungen bei den Beiträgen durch die Verwendung von Texten und Hashtags ein wenig an Instagram, auch wenn bei LinkedIn der Content klar im Vordergrund steht. Du willst einen Expertenstatus erhalten? Dann ist dieses Kapitel wichtig für dich, damit deine Beiträge wirklich so ankommen, wie es der Fall sein soll.

6.1 Beitrag

Der Beitrag muss nicht nur inhaltlich relevant sein, sondern sollte auch noch einige weitere Kriterien erfüllen, um direkt positiv aufzufallen. Zunächst einmal ist es wichtig, regelmäßig Beiträge zu posten, um überhaupt im Gespräch zu bleiben und sich einen wirklichen Expertenstatus aufbauen zu können. Darüber hinaus solltest du möglichst Bilder zum Beitrag hinzufügen, diesen durch

Zeilenumbrüche lesbarer gestalten und Firmen oder Personen verlinken, die mit diesem Beitrag in einem direkten Zusammenhang stehen. Eine solche Verlinkung erreichst du, indem du die Person oder Firma mit einem @ mit dem Beitrag verlinkst. Hashtags sollten auf keinen Fall in einem Beitrag fehlen, um die Reichweite zu erhöhen.

Der Vorteil von Beiträgen ist hier auch, dass die Reichweite tatsächlich bis zu 10x höher ist, als es bei Artikeln der Fall ist. Daher solltest du unbedingt Beiträge nutzen, um deinen Expertenstatus aufzubauen. Außerdem ist es sinnvoll, bei Updates diese mit Beiträgen und Artikeln zu verlinken, um noch mehr Personen zu erreichen. Durch eine gute, klar lesbare Gestaltung, Hashtags, Verlinkungen und Bilder ist es möglich, einen besonders guten Beitrag zu erhalten, der über eine enorme Reichweite verfügt. Damit erreichst du viele wichtige Nutzer deiner Zielgruppe, die du ohne Beitrag nicht erreichen würdest.

Noch einmal in der Zusammenfassung, was du bei Beiträgen unbedingt beachten solltest:

Relevante Hashtags und Bilder zu nutzen, erhöht die Bedeutung der Beiträge. Du kannst hier eigene Bilder hochladen oder die Bilder nutzen, die in der Vorschau angezeigt werden. Markiere beteiligte Personen, spreche deine Leser direkt an und nimm dir Zeit für das Intro, welches überzeugen und fesseln muss. Sonst springen die Leser dir ab, bevor sie überhaupt zu deiner Kernaussage kommen.

Das sind ganz klare *Don'ts* bei Beiträgen:

Helle und scharfe Bilder zu verwenden ist auch auf LinkedIn wichtig, da dunkle Bilder oder solche, die unscharf sind, direkt abschrecken und dafür sorgen, dass deine Beiträge nicht weiter beachtet werden. Außerdem ist es wichtig, deinem Netzwerk im ersten Satz den nötigen Kontext zu geben, um zu verstehen für wen dein Beitrag aus welchem Grund relevant ist. Das Thema Hashtags und Verlinkungen in deinen Beiträgen bietet enormes Potential, deine Reichweite zu erhöhen. Du solltest jedoch darauf achten, mit Hashtags und Verlinkungen moderat umzugehen. Hier steht Qualität und Relevanz ganz klar über Quantität. Manchmal ist weniger dann doch mehr.

Nachfolgend eine Content Strategie:

1. Schreibe 4x die Woche einen Epic Post über dein Brandthema. Die Struktur muss so aufgebaut sein, dass du eine Geschichte erzählst mit einer Lektion über ein Problem, das du gelöst hast. Alles im Einklang mit Deiner Branding Position. Das bedeutet, deine Community und dein potentieller Kunde sollte dieses Problem aktuell haben.

2. Mache jeden Tag ein Video 2-max.7 Minuten./ eine Story. Simpel und einfach halten über die 3 Bedürfnisse (Traumzustände) deiner Kunden.

3. Schreib 1x die Woche einen Mythen Post, wie man angeblich seinen Traumzustand erreicht und erläutere, warum das nicht funktioniert.

6.2 ARTIKEL

Neben den Beiträgen handelt es sich bei Artikeln um eine weitere Form der Kommunikation auf LinkedIn, die du sehr gut nutzen kannst, um dir einen Expertenstatus aufzubauen. Im Grunde bietet LinkedIn über die Artikel-Funktion die Möglichkeit, den eigenen Blog direkt in LinkedIn zu betreiben. Für alle, die keine riesige Reichweite auf ihrem Webseiten Blog haben, bietet LinkedIn hiermit die Möglichkeit für die eigenen Themen enorme Sichtbarkeit zu bekommen - vorausgesetzt natürlich, du befolgst die Schritte in Kapitel 5 und baust dir ein großes, relevantes Netzwerk an Wunschkunden auf. Im Idealfall schreibst du einmal monatlich einen Artikel – mindestens! Schreibe am besten über Themen, die dich persönlich beschäftigen und wirklich interessieren, da es damit nicht nur leichter geht, sondern du deine Leser auch eher ansprechen wirst.

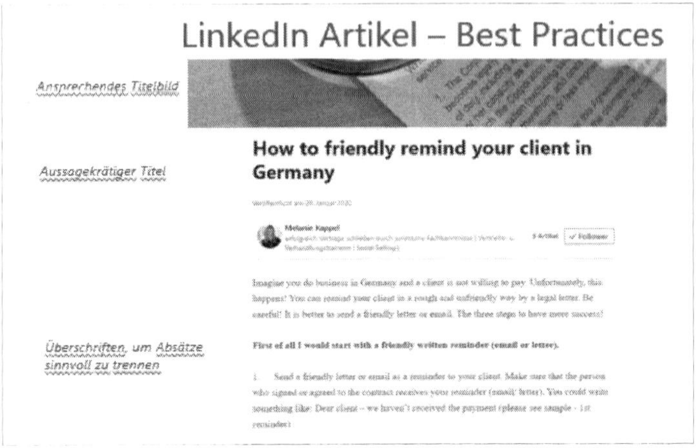

Beispiel: LinkedIn Artikel

Ein Artikel braucht unbedingt Absätze, Überschriften und Bilder für eine bessere Struktur und Lesbarkeit. Ein interessantes Titelbild, welches zum (Weiter-)Lesen animiert, ist ebenfalls hilfreich und unterstützt die Reichweite, die mit einem Artikel erreichbar ist.

TIPP: Nutze deine LinkedIn-Artikel, um auf deine Webseite zu verlinken. Poste deine Artikel am besten nicht nur auf LinkedIn, sondern nutze die Webseite ebenfalls, um die Inhalte zu veröffentlichen. Jetzt kannst du am Ende eines jeden LinkedIn Artikels eine Verlinkung zu deiner

Webseite hinzufügen und dein Netzwerk so auf deine Seite locken. Hier können sie sich nochmal in Ruhe dein Angebot anschauen.

PROFI-TIPP: Installiere Remarketing Tags von Google, Facebook, LinkedIn und Co. auf deiner Webseite um die Personen, die von LinkedIn auf deinen Blog kommen nochmal in Remarketing Kampagnen zu bespielen. Bei Digital Brand Academy spielen wir zum Beispiel allen Personen, die über LinkedIn auf unsere Webseite kommen, Youtube Ads zu den jeweiligen Themen aus und bieten eine LinkedIn Profil-Analyse an. Der Aufbau solcher Remarketing Gruppen ist ein sehr effizientes Mittel, deine Marketing Kampagnen zu unterstützen.

6.3 Content Recycling System

Wichtig ist aber nicht nur, dass die Beiträge und Artikel sorgsam erstellt werden und eine möglichst große Reichweite erreichen. Vielmehr macht es bei LinkedIn auch Sinn, eine Art Recyclingsystem für den Content zu nutzen. Das bedeutet letztendlich, dass du bereits geposteten Content mehrfach teilen kannst und qualitative Beiträge und Artikel auf diese Weise recycelst. Dann lohnt sich der Aufwand, der hier erbracht wird, direkt noch mehr.

Es geht aber nicht nur darum, gute Beiträge und Artikel auf diese Weise mehrfach zu verwenden, sondern auch um die wachsende Zahl der Mitglieder des eigenen Netzwerkes. Dadurch können die neuen Mitglieder auch von dem bereits geteilten Content profitieren. Natürlich kommt es beim Recyceln des Contents auch darauf an, dass die Beiträge nicht zu häufig erneut geteilt werden. Guter Content ist aber letztendlich zu schade dafür, nur einmal und dann nie wieder verwendet zu werden.

Um die Erstellung von Content systematisch angehen zu können und den Überblick über die verschiedenen Content Formate nicht zu verlieren, empfehlen wir einen einfachen Content Plan zu erstellen. Nur wenn Content Creation und Content Distribution in einem planbaren System umgesetzt werden, kann der Aufbau deiner Personenmarke auch nachhaltig mit der nötigen Konsistenz und Konsequenz umgesetzt werden. Die Abbildung zeigt ein Beispiel für einen solchen Content Plan, der dir hilft, Ideen für anstehende Inhalte zu sammeln, zu strukturieren und im Voraus zu planen.

Bonus:
Um dir den Einstieg ins Content Marketing so einfach wie möglich zu machen, habe ich dir auf www.digital-trendhouse.com/content-plan.pdf ein Template für deinen persönlichen Content Plan zur Verfügung gestellt. Ich weiß, wie ungewohnt und auch anstrengend die ersten Schritte sein können, deshalb nutze diesen Plan um dir eine Struktur vorzugeben, nach der du arbeiten kannst.

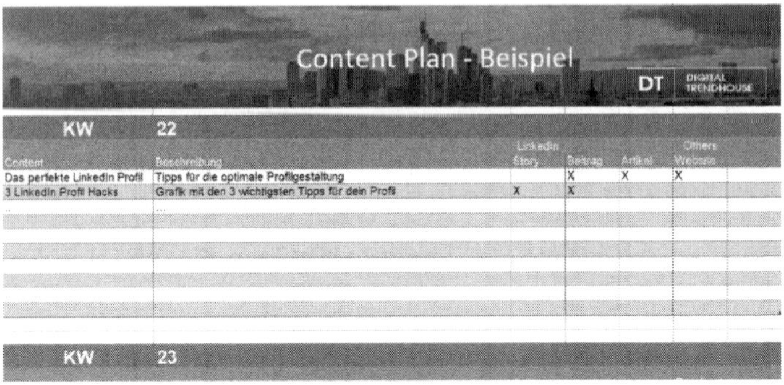

Content Plan - Beispiel

DT DIGITAL TRENDHOUSE

KW	22				
		LinkedIn			Others
Content	Beschreibung	Story	Beitrag	Artikel	Website
Das perfekte LinkedIn Profil	Tipps für die optimale Profilgestaltung		X	X	X
3 LinkedIn Profil Hacks	Grafik mit den 3 wichtigsten Tipps für dein Profil	X	X		
..	...				
KW	23				

Abbildung: Content Planer

7

Bonuskapitel

Du bist dir noch unsicher, wie du am besten mit deinen (zukünftigen) Kunden kommunizieren kannst? Oder du weißt noch nicht, wie du am besten jemanden anschreiben kannst, damit der maximale Erfolg möglich ist? In diesem Bonuskapitel findest du hilfreiche, direkt anwendbare Kommunikationsvorlagen, die dir bei der Verwendung von LinkedIn in jedem Fall helfen werden, deine Ziele zu erreichen.

7.1 Kommunikationsvorlagen

Ansprache von Kaltkontakten:

„Hallo Name,
+ (Warum ich dir eine Nachricht sende) + (Kompliment) + (warum du denkst, dass ihr vernetzt sein solltet) = 95% neuer Vernetzungen, wenn man die richtigen Menschen anfragt.
Sende eine der folgenden Nachrichten gleichzeitig mit dem Senden einer Vernetzungsanfrage.
Dein Name"

„Hallo Name,
deine Seite wurde mir gerade vorgeschlagen als jemand, den ich kennen lernen sollte. Nachdem ich mir angesehen habe, für was du dich interessierst, dachte ich, dass wir doch einige Gemeinsamkeiten haben. Ich habe hier einige Businesskontakte und würde mich freuen, dich mit in mein Netzwerk aufnehmen zu dürfen. Vielleicht kann ich dich ja mal weiterempfehlen.
Liebe Grüße
Dein Name“

„Hallo Name,
deine Seite ist mir wegen gemeinsamer Interessen vorgeschlagen worden. Da ich hier schon viele gute Kontakte machen konnte, freue mich diesen Bekanntenkreis auszubauen. Vielleicht kann ich dir ja mal jemanden empfehlen.
Liebe Grüße
Dein Name"

FOLLOW-UP-Nachricht („Eis - Brecher-Fragen")

„Es ist schön, sich auf LinkedIn zu vernetzen. Ich habe einige erstaunliche neue Freundschaften auf diese Weise knüpfen können. Wie lange bist du schon auf LinkedIn? Lohnt es sich für dich?"

„Ich habe gerade gesehen, dass du dir kürzlich mein Profil angeschaut hast. Darauf war ich eben auch auf deinem Profil und würde mich gerne mit dir vernetzen, um mehr über dich zu erfahren. Wie lange bist du schon auf LinkedIn? Lohnt es sich für dich?"

Kontaktaufnahme mit bereits bestehenden Kontakten:

„Hallo Name,
ich habe gerade deinen letzten Beitrag/Like bemerkt. Sehr interessant. Wir haben uns noch nie hier ausgetauscht. Wie lange bist du eigentlich schon auf Linkedin und lohnt sich die Plattform für dich?
Liebe Grüße
Dein Name"

Ansprache von Warmkontakten:

„Hallo Name,
Deine Seite wurde mir gerade auf LinkedIn vorgeschlagen. Wie geht's dir so? Wir haben uns ewig nicht gesprochen. Ich schicke dir gerade eine Vernetzungsanfrage rüber.

Liebe Grüße

Dein Name“

Kontakt nach Annahme der Vernetzungsanfrage:

„Hallo Name,
vielen Dank für die Annahme meiner Anfrage, ich habe schon einige erstaunliche Kontakte hier knüpfen können." + Frage stellen bezugnehmend auf das Problem was er haben könnte, wozu Du eine Lösung bieten kannst

Kontakt nach Annahme der Vernetzungsanfrage:

„Hallo Name,"
seine Aussage kommentieren, kurz die eigene Erfahrung dazu schildern und die nächste Frage stellen bezugnehmend auf das Problem was er haben könnte, wozu Du eine Lösung bieten kannst.
→ Wenn genügend Bedarf erkennbar ist, pitche auf ein Angebot / Website /Strategiegespräch.

Nachfolgend ein Beispiel:

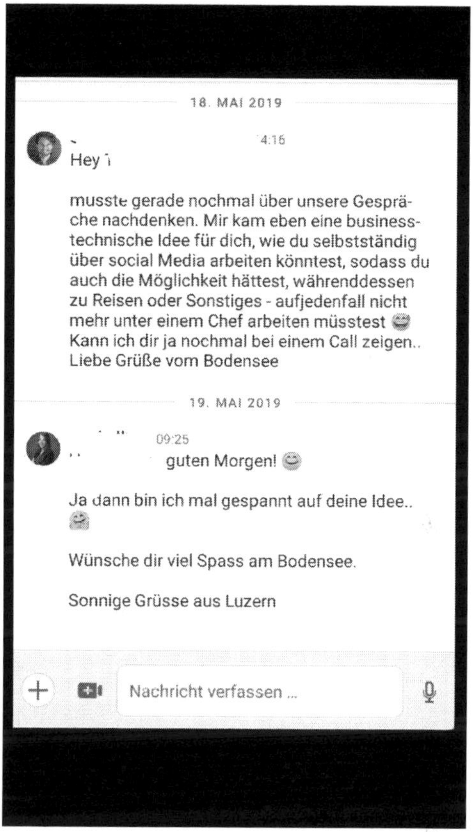

Beispiel: Angebot unterbreiten

Impressum

LinkedIn Personal Branding und Marketing

Kontakt: Steffen Zimmermann,
Comeniusstraße 77, 60389 Frankfurt

Druck: Amazon Media EU S.à. r.l., 5 Rue Plaetis, L-2338, Luxembourg (Taschenbuch)

Printed in Poland
by Amazon Fulfillment
Poland Sp. z o.o., Wrocław

75700668R00051